Gewidmet meiner Mutter,
meinen Jungs,
einer wunderbaren Erfahrung meines Lebens,
meinen viel zu früh verstorbenen Cousinen,
meinem Chor,
meinen „Freunden und Bekannten"
und all denen, die sich etwas Positives aus meinen Worten
ziehen können.

Macht das Beste aus Eurem Leben.
Ich wünsche Euch Glück und Gesundheit!

22. Juli 2021

GeDANKEn an mein Leben

von
Ulka Kafka

Impressum
Gedichte/Text: © Ulka Kafka, 2021
Zeichnungen: © Ulka Kafka, 2021
Umschlaggestaltung: © Ulka Kafka, 2021
Autor: © 2021 Ulka Kafka,
gegengelesen von Andrea
978-3-347-33874-6 (Paperback)
978-3-347-33840-1 (Hardcover)
978-3-347-33923-1 (e-Book)

Verlag & Druck Tredition GmbH
Halenreie 40-44, 22359 Hamburg

Mein Kind

Noch nicht zu wissen, dass Du es wirst,
hatte ein Samen sich verirrt.

Er traf ein Ei, eine Zelle,
durchdrang es schließlich schnelle.
Der Sieger er von vielen war,
das machte „es" so wunderbar.

Eine Explosion entstand sofort,
an diesem so besonderen Ort.
Das Glück begann zu sprießen,
man musste es einfach genießen!

Ein kleiner Punkt nun größer wurd',
noch ein wenig Zeit bis zur Geburt.

Ein Herz, ein Kopf, zwei kleine Füße
und auch Hände, so wunderschön,
es sprach Bände.

Dieses Wunder der Natur, einfach nur der Wahnsinn
pur!
Das schönste Geschenk auf dieser Welt,

nicht zu bezahlen, mit keinem Geld!

Dieses Wunder dieses Lebens,
es ist nie vergebens!
Trotz Pubertät und viel Ärger,
möcht' man nicht missen,
diese Bälger.

Diese Einzigartigkeit, ein Geschenk für alle Zeit!

Egal, was läuft in Deinem Leben,
es wird mich immer geben,
die zu Dir hält für alle Zeit,
bis in alle Ewigkeit.

- Mutterliebe -

---

meinen Jungs gewidmet

17. März 2021

Mama

Die erste Frau in meinem Leben, es wird immer nur
die Eine geben,
die mich brachte auf diese Welt,
nicht zu bezahlen, für kein Geld.

Unter Schmerzen wird geatmet,
bis ihr Kind dann da ist,
das Licht der Welt erblickt,
etwas Schöneres gibt es nicht.

Beschützt, gehegt, gepflegt,
geht die Reise auf den Weg.

Robben, krabbeln, und auch schreien,
der Weg ist lang, um zu gedeihen.

Für jede Stufe meines Lebens möchte ich danke
sagen,
es war nicht vergebens.

Ob unerwünschte Ansagen oder nervige Kritik,
unterm Strich war es dann doch ganz chic.
Ich bin geworden wie ich bin, das ist gut so,

das hat seinen Sinn!

Mein Leben nicht immer ganz einfach war,
aber Du warst immer da,

Viele Jahre lebst Du schon,
hast viel durch, das weiß ich wohl.

Einen Krieg Du überlebst,
das ist furchtbar und das prägt.
Deine Generation war riesengroß,
hob alles wieder aus dem Schoß.

Angst um Vater und auch Brüder
kamst Du durch mit Deiner Mutter.

Mit Deinen Eltern zu flanieren am Strand,
es bestand ein dickes Band.
Dich zu trennen von ihnen fiel Dir schwer,
es gab so viel Schönes her.

Doch auch ein Kind wolltest Du und so kam der Papa
dazu,
der Dich dann nahm zu seiner Frau,
so begann der Radau.

Geboren wurde ich, oh ja,
dann war schnell nichts mehr wie es war.
Dein Ehemann verändert sich,
lässt Dich quasi dann im Stich.

Spielt und arbeitet um sein Leben,
bis er muss alles geben.
Die Ehe, ein Haus, die Tochter klein,
das ist dann alles nicht mehr fein.

Du aber bist ein Mensch, der gibt nicht auf,
Du warst ein Fels, da baute ich drauf.

Vieles noch erlebtest Du, es kam noch einiges dazu.
Ein weiterer Ehemann,
männliche Freunde und auch ein Stalker,
Dein Leben war bewegt,
nicht nur ein smalltalk.

Großmutter Du noch wirst,
ein wunderbares Glück,
ich hoffe Du schaust auch gern einmal auf diese
Zeit zurück.
Auch wenn nicht immer alles läuft auf einfachen
Wegen,

ist es ein Geschenk und auch ein Segen.

Nun bist Du schon recht alt und wirst gehen bald...
So traurig es auch ist, das ist das Leben halt.
Ich hoffe, dass Du dankend blickst zurück und uns
immer Liebe schickst...
Noch ein paar gesunde und glückliche Jahre wünsch'
ich Dir,
ich hoffe,
Du bleibst noch ein bisschen und auch gerne hier....

In Liebe!

Danke für alles!

- Meiner Mutter gewidmet -
geb. 1933

18. März 2021

Mein besonderer Ex

Du kamst in mein Leben, als ich fast glaubte,
es wird nichts mehr geben.

37 Jahr alt ich war,
frisch geschieden, da warst Du mit einem Mal da.
Viel jünger als ich und doch so reif.
Ich hatte 2 Kinder, es war Dir gleich.

Du akzeptiertest es wie es war,
wurdest so langsam zu meinem Star.

Wir nahmen die Welt auseinander,
hinterfragten alles, which Wonder.
Der Mensch an sich interessierte Dich und zufällig
auch mich.
Immer kam das Resultat,
„das ist die menschliche Art"
Wie man sich auch verhält,
es wurde als menschlich hingestellt.

Für mich taten sich neue Türen auf,
ich kam ganz anders drauf.
Wir beide schauten uns Beziehungen an,

auch die mit meinem Mann.

Durch Dich lernte ich vom Leben, mir war noch
nicht bewusst,
was Du mir gegeben.

Etwas ganz besonderes Du noch heute für mich
bist,
weil Du das Leben anders siehst.
Dass ich bin wie ich bin,
eben menschlich,
war der größte Glücksgewinn.

Dafür danke ich Dir für immer,
vergessen werd ich's nimmer.

Mehrere Therapien durchlebt und gewachsen an
unserer Zeit,
bin ich zu allem bereit,
bin der Mensch, der ich nun bin,
es hatte alles seinen Sinn.

Jede Stufe meines Lebens, stelle ich erneut fest,
war nicht vergebens.
Leider kam dann auch bei uns die Wende und es ging
zu Ende.

Nie hätte ich es gedacht,
aber Obacht.

Ich wurde krank.
Nicht nur ein bisschen.

Es dauerte noch ein wenig bis es zeichnete sich ab,
aber irgendwann stand ich dann kurz vor dem Grab.

Für mich war die Zeit zu gehen, nur konnte ich es
nicht verstehen.
Keiner glaubte mehr daran,
dass ich es noch schaffen kann.

Ein fast aufgegebener Fall,
aber dann kam der Knall.
Die Therapie schlug an und es begann,
ein Schritt zurück ins Leben.

Ein langer Weg nun vor mir lag,
Dich gedacht an meiner Seite,
aber das wurde eine Pleite.

Auf einmal Du Dich doch besinnst,
den Wunsch von eigener Familie spinnst.

Geschockt war ich, na klar,
wolltest Du doch gerade noch mit mir zum Altar.

Gelitten habe ich eine Ewigkeit,
eine wirklich lange Zeit.
2 Jahre gingen ins Land,
bis sich langsam dehnte das Band.

Rund 15 Jahre ist es nun schon her,
ich schätze Dich noch heute sehr.
Dass Du gegangen bist, habe ich irgendwie
verstanden.
Es war einfach klar,
ich war ja quasi schon nicht mehr da.

Verliebt hast Du Dich in der Zeit, als ich zum
Sterben war geweiht.
Deswegen kam der Schlussstrich schnell,
es gab auch kein Duell.

Neulich dann sahen wir uns wieder,
eine etwas längere Zeit hatten wir Kontakt,
der Grund war allerdings beknackt.

Deine Aufregung spürte ich,

wusstest nicht, was passiert.
Du gabst mir die Hand,
ich nahm Dich in den Arm, weil uns immer noch
etwas verband.

Ich habe Lieben gelernt,
einen großen Anteil trägst Du dazu bei.
Lieben heißt Loslassen,
denn dann bist Du frei.
Frei sein und lieben, das ist das Ziel,
dann geht alles und wird niemals zu viel.

Kannst Dich entscheiden,
für wen Du auch willst,
weil freies Entscheiden
die wahre Liebe erfüllt.

---

*gewidmet einer wunderbaren Erfahrung aus
meinem Leben*

20. März 2021

Menschen

Wenn ich auch sehr kritisch d'rüber denk',
sind sie dennoch ein Geschenk.

Menschen um sich herum zu haben,
daran kann man sich erlaben.
Ist man doch nie ganz allein,
ja, das ist besonders fein.

Manchmal ist es andersrum,
denn dann verhalten sie sich dumm.
Machen Dinge, die tun weh, verhalten sich, oh je.
Sagen etwas frei heraus, ein Graus.

Ein Wort zu viel, dann ist's passiert,
dass man komisch reagiert.
Der Schmerz sitzt tief,
erst später dann, spürt man es,
weil man nicht schlafen kann.

Und wieder guckt man neu und trennt den Weizen
von der Spreu.

Fragt sich kritisch, übertreibst Du nicht, aber
manchmal leider,
geht es anders nicht.

Zu schützen sich, sehr wichtig ist,
weil es einfach richtig ist.
Nimm Abstand eine Weile,
das braucht auch keine Eile.

Ein paar Tage später dann,
schau es Dir noch einmal an.

Wie ist dieser Mensch an anderen Tagen,
kann man es noch einmal wagen?
Wenn nein, dann denk' nochmal darüber nach,
weil jeder einmal Fehler macht.

Ein Freund geboren ist, wenn Du ihn vermisst,
er Dich niemals hintergeht,
weil das ja für Freundschaft steht.

Vertrauen steht an erster Stelle,
das ist die wirklich schönste Welle.
Ist es zerstört,

kommt eine Wende und die Freundschaft ist dann
auch meist zu Ende.

So ist es dann, was ich mich frage,
gibt es Freunde für alle Tage?
Das Resultat aus meinem Leben,
Menschen wird es immer geben.
Freunde jedoch nur für eine Zeit,
bis man merkt was übrig bleibt.

So sind Freunde doch Bekannte, die man einmal
Freunde nannte.

Sind vielleicht dann doch Bekannte,
die gesündere Variante?

- Gedanken über Freundschaft -

18. März 2021

Nierenkrank

Es kam der Tag zu gehen, an die Dialyse eben,
ein Graus begann, ich ahnte es von Anfang an.

Mit großer Angst muss man sich begeben,
an die Dialyse eben,
zu retten sie Dein Leben scheint,
auch wenn man es doch erst verneint.

Ich schaff' das doch allein, ich schrie,
Du wirst sehen, so klappt das nie.

Deine Nieren sind nun krank,
da gibt es sie, sei froh und dank!

Die Dialyse wäscht Dich rein,
das ist schon mal sehr fein,
das Leben dann weiter geht,
auch wenn es sich etwas anders lebt.

Auf eine Niere kannst du hoffen,
das macht mich aber ganz besoffen.

Ich dann doch lieber seh', dass ich dreimal die
Woche zur Dialyse geh'.

Da ist es nett, man glaubt es kaum,
manchmal nähert es sich einem Traum.

Frühstück gibt's, wie fein,
das könnt' doch auch ganz anders sein.

Die Schwestern und Ärzte sind nett,
ich liege dort in einem Bett,
habe den Blick ins Grüne und
schaue oft nach draußen und sinniere.

Manchmal quatschen wir in freundlicher Runde,
lachen und scherzen mal `ne Sekunde.

Dem Tode geweiht und doch weiterzuleben,
ist ein Privileg,
das kann man nicht jedem geben.
So sage ich danke für dieses Leben, nur mit der
Dialyse eben.

Sei dankbar für dieses Gerät,
ist es auch hässlich, auch manchmal grässlich.
Diese Maschine ist es,

die Dich lenkt und das Leben Dir schenkt.

10 Jahre nun bin ich schon da, sah Menschen
kommen und gehen,
so ist diese Krankheit nun mal,
eben sehr bewegend.
Der eine geht, weil er eine Niere bekommt, ein
anderer, weil die Krankheit gewinnt.

Immer leichter nimmt man das Leben,
mit der Dialyse eben.

---

gewidmet meiner Dialyse und allen Nierenkranken
insbesondere
Hanna und Heiner,
Herrn Wulf, Herrn Voigt, Frau Damann,
Frau Teckels, D.H., Christiane, Stefan.,
Sandra und Tatjana,
ebenso all denen,
die ich namentlich nicht kenne und kannte...

Ein ganz besonderes Leben,
an der Dialyse eben....

---

18. März 2021

Angstzustände

Der schlimmste Horror,
mit nichts zu vergleichen,
man kann nur noch ausweichen.

Der Körper spinnt, macht was er will,
keine Kontrolle,
komplett von der Rolle.

Ein Bibbern, ein Zittern
ein einziges Erschüttern.
Ein Schwanken, ein Wanken,
beim Gehen, beim Tanken,
egal in welcher Situation, die totale Rebellion.

Kein Einfluss auf diese Gefühle,
dreht man sich in dieser Mühle.

Ein langer Weg nun vor Dir liegt,
eventuell kommst Du zum Sieg.

Von Sieg ich allerdings nicht sprechen kann,
man lernt zu leben damit, irgendwann.

Sehr lang schon ist es her,
dass als Kind ich sprang,
unbekümmert die Bürgersteige entlang…
Was für eine schöne Zeit, so unbeschwert und leicht!

Sehr früh ich schon allein kam klar, das war so,
das war einfach da.
mit 9 Jahr'n.

Es kam der Tag als es mit 16 begann,
quasi noch ein Kind,
aber es fing an.
Ich wurde nicht gefragt, ob es mir gefällt,
es wurde mir einfach vor die Nase gestellt.

Geboxt habe ich mich eine Ewigkeit durch diese so
wahnsinnig schwere Zeit.

Dieser Kampf,
mit nichts zu vergleichen,
nicht annähernd zu bezeichnen
mit irgendetwas, was ich sonst noch erlebt.
Meine Umgebung hat nur gebebt.

Körperlich sehr krank ich war und auch bin,

aber nichts reichte bis dahin.

Angstzustände sind eine einzige Qual und man hat
keine Wahl.

Aufgeben kann man nicht,
durchkämpfen muss man sich,
schlimmer geht es nicht.

Kraft kostet es,
mehr geht einfach nicht,
bis man am Ende sieht wieder Licht.

Heute lebe ich mit diesem Dilemma, aber es geht
definitiv noch schlimmer.

Die guten Zeiten kamen wieder,
machte sich Stress breit, war es meist nicht mehr
weit,
es fing wieder an,
Symptome von vorne begannen...

Erneut in den Kampf, ich gab nicht auf,
das ist quasi mein Lebenslauf!
So wünsche ich jedem,
der diese Misere nicht versteht,

dass es ihm eine Woche lang mal so ergeht.

Nichts mehr würde er sagen, höchstens nur noch
fragen,
wie schaffst Du es damit zu leben?
Das ist ja ein einziges Beben!
Denn
„Stell Dich nicht so an!"
ist das Schlimmste,
was man diesen Menschen sagen kann!

Heute kämpfe ich allerdings nicht mehr,
das ist schon etwas länger her.
Ich mache Dinge, die gelingen,
ich lasse mich nicht mehr bezwingen.

Meidend ich Situationen gegenüber steh,
die diese Symptome verursachen, oh je!

Aber nicht schlimm, denn es macht keinen Sinn,
sich in Situationen zu begeben,
die verursachen nur ein einziges Beben.

Diese Symptome ich zu lang erlebt,
so viel Negatives daran klebt.

Ab und an versuch ich's erneut
manchmal bin ich sogar erfreut.
Wenn nicht, ist mein Galgenhumor in Sicht,
dafür danke ich.

In diesem Sinne wünsche ich
allen leicht und schwer psychisch erkrankten
Menschen Heilung und nur das Beste.

*Urteilt nicht über unser Leben,
bevor ihr nicht gegangen seid auf unseren Wegen*

Nachsatz:
Nichts ist schwerer zu verstehen als eine unsichtbare
Krankheit! Nicht mal Ärzte glaubten mir! 16 Jahre habe ich
es mit mir allein ausgemacht, wie ich das geschafft habe,
weiß ich heute nicht mehr! Ich habe eine schwere
Krebserkrankung überlebt. zudem bin ich jetzt seit 10
Jahren Dialysepatientin.
Wohl kaum zu glauben,
aber die „Symptome" meiner körperlichen Zustände waren
das Schlimmste, was ich je erlebte!
Meinen Humor habe ich Gott sei Dank nie verloren!

28. März 2021

Ein Résumé zu einem Film

Schon wieder denk' ich drüber nach,
was sind wir nur für eine Schmach.
Sich manipulieren lassen,
sogar eine ganze Rasse hassen.
Wie ist es nur so weit gekommen, dass man alles
hingenommen.

Ein Mensch auf diese Bühne trat,
und so begann schon der Verrat.
Wieviel Wut und Hass muss in Menschen stecken,
dass so viele müssen verrecken.

Abgeschlachtet wurden sie,
das wird man vergessen nie.

Es begann das große Sieben,
getrennt von ihren Lieben.
Grausamer geht es nicht,
und kein Ende in Sicht.

Menschen dies getan,
was für eine Scham.

Menschen manipulieren Menschen,
sie kennen keine Grenzen.

Einer ist immer dabei,
der beginnt mit dieser Sauerei.

Neid ganz oben steht
und ein Gedanke,
der öffnet dann
diese Schranke
zur Manipulation, welch grausame Funktion.

Unschönes in uns steckt,
fiese Züge in uns leben,
sonst würd's so etwas nicht geben.
Was für Pulver in uns steckt,
mich erschreckt's.
Eifersucht, Missgunst und so vieles mehr, ich fühl
mich leer.
Leer von diesen Gedanken,
ohne Schranken.

Weh tut's zu den Menschen zu gehören, die auch
noch schwören,
dass sie dies' oder jenes nicht getan, was für eine
Scham.

Fremdschämen kann man sich da nur,
aber auch in einem selbst tickt diese Uhr.
Nur muss man es auch wollen,
zu schlüpfen in diese Rollen.

Judenhass mich tief erschüttert,
dass es in mir nur so zittert.

„Unbeugsam" ich gestern sah und das ist auch noch
alles wahr!
Wie kann ein Mensch sich so manipulieren lassen,
wie kann ein Mensch so hassen.

Wie kann man nur so verlieren seine Würde,
um zu springen über so eine Hürde.

Zu morden,
um zu bekommen einen Orden.

Davor nicht gefeit,
sind Menschen jederzeit bereit,
sich erneut leiten zu lassen.
Es ist einfach nicht zu fassen.

Nun ist es ein Virus, der uns bezwingt,
uns zur Zeit einiges nimmt.

Wohin das wohl noch führt,
werden wir hier womöglich schon wieder
manipuliert???

Geht es in Richtung Überwachungsstaat?
Was für eine Fahrt...

Möglich wohl alles ist,
weil der Mensch eben menschlich ist...

13. April 2021

Engel der Hoffnung

Musik

Ein Phänomen,
ohne sie würd' es uns schlechter ergeh'n.

Sie in die tiefsten Tiefen in uns dringt,
dass es in uns nur so schwingt.

Zum Tanzen sie uns bringt, weil es so schön klingt.

Sehr dankbar ich für diese Klänge bin,
Musik hat einfach ihren Sinn.

Tage voller Freude
und Tage voller Schmerz,
man verbindet sie mit vielem,
sie berührt unser Herz.

Sehr wohltuend sie einen begleitet,
man quasi manchmal auf ihr reitet.

In Erinnerungen man schwelgt.

Es kostet kein Geld,
in Gedanken zu versinken,

sich fest zu verlinken.

Tränen können fließen,
auch kann man einen Song mit einem Lächeln
abschließen.

Seit Jahren ich nun selber sing',
ein wunderbarer Glücksgewinn.
Es tut so gut und befreit so sehr,
als stünde man am brausenden Meer.
Von Wellen gepeitscht und erhellt von sonnigen
Strahlen,
befreit man sich von so einigen Qualen.
Wohlfühlend und gestärkt
man nach dem Singen sein Leben weiterfährt...

In Gedanken an schöne Musik und meinen Chor
17. April 2021

Papa

Nun denk ich auch an Dich,
anders geht es wohl auch nicht,
denn auch Du gehörtest dazu,
als ich entstand im Nu.

Leider ich nicht so viel Schönes mit Dir verband,
für mich warst Du eher eine Schand'.
Es tut mir leid, aber so ist es nun mal,
für mich warst Du eine Qual.

Gerungen habe ich mit mir,
mich von Dir berühren zu lassen,
ich fand es unangenehm Dich anzufassen.

Hier geht es nicht um sexuelle Variationen,
nein, um ganz andere Situationen.

Wenn Du nicht nach Hause kamst,
war ich froh, Du warst nicht da.
Mit Mama dann meine Zeit ich hatt',
das tat gut, das reichte mir glatt.

Ich war nicht mal 9 zu dieser Zeit,

aber so nahm ich es wahr, eine Ewigkeit.

Eins, zwei schöne Momente ich erinner',
Fasching und Türmchen bauen
mit Gurke und Tomate,
eine etwas geringe Rate.

Nach der Trennung von Mama,
war ich dankbar, Du warst nicht mehr da.
Endlich ich nicht mehr mitbekommen,
wie Du Dich benommen.

Betrunken auf der Couch,
schliefst Du aus Deinen Rausch.
Manchmal Du Dich übergabst,
mir war übel, viele Tag.
Dein Raucherhusten war auch nicht der Knall,
gefühlt sah ich Lachen überall.

Einen Schaden ich davon trug,
tut mir leid, kein Betrug.

Viele Jahre nun vergangen,
Du nicht mehr da,
schon fast 30 Jahr.

Ja, Papa, so war es nun mal, so nahm ich es wahr.
Du bemühtest Dich um mich,
aber ich suchte Deine Nähe nicht.

Später dann trafen wir uns hin und wieder,
gingen ins Kino und ins Theater,
so war er eben, mein Vater.

Ich bekam Geld für meine Noten,
damit konnt' ich voten.
Die Hälfte meines Führerscheins zahltest Du,
dafür danke ich Dir, juhu.
Durch Dich motiviert, war ich schnell motorisiert.

Eine arme Seele Du in meinen Augen warst,
in den Krieg wurdest Du gezogen,
Deine Familie durch deren Flucht verloren.
Durch Zufall Du sie später wieder fandst,
Gott sei Dank.

Dein Abitur wolltest Du machen,
aber es kam anders, Du musstest marachen.

Ein Spieler wurde er,
unterm Strich gab es nicht viel her.
Vom Schwiegervater gewarnt,

hatte er sich gut getarnt,
begegnet er meiner Mama
so begann das Drama.

Niedergeschriebenes schaue ich nun an
und mir wird klar, dass schon so früh der Stress
begann.
Kein Wunder, dass ich später litt
unter jedem Schritt.

Übertreiben möcht' ich nicht,
aber es verspricht,
ganz einfach wird es nicht.

Wie ich nun geworden bin,
dieses Erleben war jedenfalls kein Gewinn.
Wie wäre ich wohl geworden,
wenn ich nicht erlebt hätte diese Sorgen?

Ein kraftvoller Mensch ich bin!
Ohne diese Begebenheit, wäre ich vielleicht zu
allem bereit.

Aber irgendetwas hat mich kaputt gemacht,
mir Übelkeit, Zittern und Angst gebracht.

Es hat mich gebremst in meinem Leben,
mir Schwere gegeben.

Therapien musste ich machen,
um klar zu kommen, mit diesen Sachen.

Ein Trauma ich viele Jahre erlebte,
dass es nur so bebte.

Wenn jemand mir sagte,
es ginge ihm schlecht,
lief ich weg.

Wenn sich jemand übergab,
war es für mich ein innerliches Auf und Ab.

In vielen Situationen war mir schlecht.
Dazu hattest Du kein Recht!
Mir meine Unbeschwertheit zu nehmen,
mich so ins Leben zu geben.

Aus Deiner Sicht es sicher anders wär',
für mich war es keine Mär.

Immer wenn ich über meinen Vater sprach,
sagte ich, er war mir nicht nah.

Keine Liebe ich empfand,
es bestand kein Band.
Ekel ich wahrnahm,
welch Gram.

Mit großem Abstand ich irgendwann sah,
dass er nie wirklich erwachsen war.
Denn nur ein Kind spielt so sehr,
dass es gibt alles her.

Zu sensibel für diese Welt,
zahlte er sehr viel Geld.

Ein Leben lang gelitten er hat,
bis zu seinem Grab.

Er litt unter der Trennung zu meiner Mutter,
meiner Halbschwester
und unter der Trennung zu mir,
unter Asthma bronchiale und letztendlich unter
einem Lungenemphysem.
Das war alles nicht schön.

Eine etwas längere Zeit war er nochmal in einer
Beziehung,
ich habe es ihm und mir gegönnt.

Es war ein bisschen so wie alles vergessen und
etwas verschönt.

So schließe ich dieses Gedicht,
mit den Worten,
vergiss es nicht, was Du mir angetan,
für mich war es tiefer Gram.

Ich Dir aber längst verziehen,
denn es muss ja irgendwie weitergehen.
Auch Du bist nur ein Mensch gewesen,
der Liebe suchte für sein Leben...

- Wahrnehmungen zu meinem Vater -

17. April 2021

Ich bin...

Nun noch ein wenig Zeit
für meine Wenigkeit.

Tiefsinnig ich bin,
nicht immer ein Gewinn.
Jede Regung ich wahrnehm',
das ist nicht immer angenehm.

Fühlt jemand Schmerz,
fühl ich gleich mit.
Werde ich blöde angemacht,
schieß' ich zurück.

Euphorisch ich schnell bin,
ebenso schnell ist es wieder hin...

Extrovertiert bin ich oft,
bis mich die Introvertiertheit stoppt.

Gerechtigkeit ist mir wichtig,
in meinem Umfeld spüre ich es richtig.
Bin immer drauf bedacht,
dass man auf jeden gibt Acht.

Manchmal bekomm' ich 's nicht hin, auch nicht
weiter schlimm.

Bin ich verliebt,
bin ich nicht mehr ich,
dann seh' ich alles aus einer anderen Sicht,
wenn die Zeit ist vorbei,
bin ich wieder frei.

Verliebtheit ist allerdings schon so lang' her,
dass ich mir denke, das wird wohl auch nichts mehr.

Muss schmunzeln über mich,
ja, das bin ich.
Immer ein wenig Humor dabei,
das macht frei.

Als Singlewoman ich durchs Leben schreit,
vermeid' dadurch so manchen Streit.
Ob das nun als positiv zu bewerten ist,
bezweifle ich,
aber das bin ich.

Ich bin die, die manches sagt und
so Vieles hinterfragt.

Ich bin die, die Selbstgespräche führt und dadurch
so manches für sich klärt.
Zu einer anderen Zeit,
baute ich auf Vertrauen und Verbundenheit.
Versuch ich's erneut,
spür' ich,
die Unbeschwertheit ist fort.
Sie gehörte zu einer anderen Zeit,
eben zu meiner Vergangenheit.

So verändert einen, was man erlebt,
weil Negatives daran klebt.

Doch gibt es Menschen in meinem Leben,
die möge es doch bitte für immer geben,
sehr dankbar ich für diese bin,
ein Geschenk und ein Gewinn!
Kann tolle Gespräche mit diesen führen und manch
einer liebt es,
mit mir zu philosophieren.
Jeder Scheiß wird durchgequatscht und es wird so
viel gelacht.
Dankbar ich für diese Freunde und Bekannten bin,
wer an mein Gedicht „Menschen" denkt,
versteht vielleicht den Sinn.

Immer auf der Suche,
ich mittlerweile verbuche,
dass Glück und Zufriedenheit
macht sich breit.
Dass alles zum Leben dazugehört,
egal ob Liebe, Leid und Schmerz,
- es geht nun mal ans Herz.

Dass egal was auch passiert,
ich daraus meist etwas Positives registrier'...

Ich bin nicht perfekt,
aber wer ist das schon?
Das ist es, was in uns steckt,
eben keine Perfektion.

Fehler passieren,
das ist menschlich,
vielleicht lernst Du dazu,
so wirst Du immer mehr Du.

Man tritt so lang in irgendeinen Scheiß,
bis man nicht mehr dreht sich in diesem Kreis.

Man hat sich dann neu erfunden und ist immer
mehr mit sich selbst verbunden.

Wenn Du das erreichst,
ist die Glückseligkeit nicht mehr weit.

Ich bin ich,
manchmal immer noch und manchmal auch nicht,
auch manchmal neu.

Ich wünsche Euch viel Schönes
und dass ihr Euch freut
und glücklich seid,
bleibt gesund und schätzt
Eure Zeit!

Jeden einzelnen Tag,
macht das Beste draus,
bis zu Eurem Grab!

Gedanken an gute und schlechte Zeiten...
- meinem Leben gewidmet -

30. April 2021

selbstverständlich

Alle Finger an der Hand,
zwei Beine lang,
eine Zunge,
ein Mund,
alles da,
alles selbstverständlich,
wie wunderbar.

Jede Zelle Deines Körpers funktioniert,
bis irgendetwas rebelliert.

Auf einmal denkst Du, olala,
was ist denn das, was ist denn da?

Ein Rumpeln, ein Klopfen,
ein Ziehen, ein Reißen,
nun heißt es aber Zähne zusammenbeißen...

Die Frage fällt,
was habe ich getan,
was soll der Mist,
warum bin ich nun dran.

Es passiert,
auch wenn es Dir nicht gefällt.

Man wird nicht gefragt,
passt es gerade in Deine Welt?
Passt es gerade in Dein Leben?
Nein, es wird Dir einfach gegeben.

Auseinandersetzen musst Du Dich nun mit ihr,
mit der Krankheit in Dir.

Selbstverständlich die Gesundheit war,
bis sie nicht mehr da.

Drum genieße jeden Tag,
den Du Dich bewegen kannst,
wie auch immer du magst.

Wo nichts tut weh,
kein Schwindel herrscht,
keine Schmerzen ziehen,
voll Energie Du strotzt,
Dich nichts ankotzt.

Diese Tage sind gezählt,

irgendwann jeden etwas quält.
Den einen früher,
einen anderen später.

Den einen eine Grippe plagt,
den nächsten führt es ins Grab.

Sieh Deine Gesundheit nicht als selbstverständlich
an,
sie wird gehen,
irgendwann.

---

20. 07. 2021

...nicht geimpft

Ich denke hin, ich denke her,
es fällt mir wirklich schwer.

Zur Dialyse ich muss,
so entsteht dieser Druck.
Ich möchte mich nicht impfen lassen,
spüre aber,
dass dies Menschen hassen.

Sie einen meiden für diese Idee,
oh weh.

Auf den Geimpften man ruhe sich aus, ei der Daus.

Was soll ich dazu sagen, ohne dass jemandem platzt
der Kragen.
Es ist nicht meine Intention,
auch keine Rebellion!
Jeder doch entscheiden kann,
was er mit sich machen darf und wann!

Impfungen mögen helfen hier und da, oh ja!
Sie aber auch ein Risiko in sich birgt und bei jedem

anders wirkt.

Wenn sich jemand noch nie damit beschäftigt hat,
ist es klar, dass man nimmt die Impfung wahr.

Schmälern möchte ich die Kraft eines Impfstoffs
auch nicht,
sicher hat es Gewicht,
in einigen Bereichen sind sie zu bezeichnen.

Was für Spätfolgen noch entstehen, man wird es
sehen.

Ich setze mich aus, der Gefahr,
dass ich krank werden kann,
in diesem Jahr
oder in ein, zwei, drei...,
ich auch sterben kann,
auwei.

Werde mich natürlich bemühen,
dass nicht,
aber das fällt hier nicht ins Gewicht.
Werde schief angeschaut von jemandem,
der auf sie vertraut.

Gut vorbereitet zur Zeit,
weil Corona weit und breit,
das Immunsystem stärkend ich durchs Leben
schreit.
Darauf achtend,
keinen zu gefährden,
denn das ist nicht mein Begehren!

Negatives von Impfungen ich gehört, dass es mich
empört,
dass ich lieber nehme an,
es zu bekommen,
irgendwann.

Zudem glaube ich,
es schon gehabt zu haben,
meine Mutter auch...
auch ein Grund für diese Entscheidung aus meinem
Bauch!

Und solang der Bauch nicht sagt ja,
werde ich mich stellen dieser Gefahr.

Positiv ich eingestellt,
werde ich nicht verlassen,
diese Welt!

werde es überstehen, wie alles,
was ich schon gehabt
in meinem Leben.
Ich rappel mich wieder auf,
wie ich schon erwähnte,
das ist mein Lebenslauf!

In den folgenden Jahren, zweimal jährlich eine
Impfung zu erfahren,
damit komme ich nicht klar,
das nehme ich sowieso nicht wahr.

Jedes Mal die Gefahr einen Impfschaden zu
bekommen,
das macht mich doch sehr beklommen.
Danke, nein...
ich lass es dann lieber sein!

Immer mehr nehm' ich wahr,
dass meine Entscheidung scheint schon sehr klar.
Dennoch lass ich es mir offen,
man kann ja noch darauf hoffen,
dass mir irgendetwas sagt:
„Her mit der Impfung, na klar!"

Bleibt bitte „alle" gesund oder werdet es!
Viel Kraft für jeden einzelnen
in dieser so blöden Zeit!!

---

15. Mai 2021

Heilmethoden

Immer wird es Kranke geben,
manchmal müssen sie auch gehen.
Ihr Leben dann zu Ende ist,
weil sie keine Therapie mehr schützt.

Heut' wird gebastelt und gebaut,
jeder Krankheit Heilung eingehaucht.

Das ist recht wunderbar,
sonst wären viele Menschen schon nicht mehr da.

Antibiotika, Chemo und
Penicillin
wurden erfunden,
damit hat man einen Sieg errungen.

Zum Tode Geweihte werden gesund,
da scheint dann erst einmal alles rund.

Dass danach aber nichts mehr ist wie es war,
wird einem erst viel später klar.

Eine Krankheit ist besiegt,

danach man aber oft etwas anderes kriegt.

So versuch' ich's mit
Naturheilkunde
und
Homöopathie,
diese Methoden haben meine Sympathie.

Wenn gar nichts mehr hilft,
was meine Symptome stillt,
greif' ich zurück auf sie,
auf die Pharmaindustrie.
;-)

---

27. März 2021

Cousinen

Neulich sah ich ein Filmchen,
über Cousinen.
Dass sie so wichtig sind,
die Cousinen!
Sie einen begleiten,
sie da sind,
für alle Zeiten.

Bei mir es etwas anders war,
denn drei sind schon nicht mehr da.

Die eine Martina hieß,
schwer behindert sie war.
Wäre sicher auch ein tolles Mädel geworden,
sie ist sehr früh verstorben.

Carola

Carola war besonders für mich,
vier Jahre älter als ich,
hübsch wie ich fand.
Und gut bei Verstand.

Sie malte einen Wendelin in ihrer Schul',
an die Mauer dort,
fand ich cool!
Das machte mich stolz,
wir waren ja gewissermaßen aus gleichem Holz.

Einiges Schönes ich erinner',
aber weit weg ich es fühl.
Nicht tiefer graben mag,
vielleicht an einem anderen Tag.
Ich zur Zeit nur sagen kann,
ciao Carola,
bis irgendwann.

Was ich immer behalten werde,
wie sie kam,
unter die Erde.

Verboten hatte es der Papa,
dass sie ihren Freund zuhause sah.
So mussten sie Abschied nehmen,
eine Straße vorher,
wo sie nicht gesehen.

Am 09. 12. es geschah,
dass sie beide nicht mehr da.

Ein Auto fuhr in sie hinein,
ich mag nicht denken,
an ihr Schrei'n.

Thomas, ihr Freund, er hieß,
verstarb sofort,
an diesem Ort.

Carola lag im Koma eine Weile,
mit doppeltem Schädelbasisbruch,
also quasi drei Teile.
Sie ging direkt zu Gott, so kann man's sehen,
denn Heiligabend beschließt sie zu gehen...

Ich sehe mich noch heute
auf dem Weg zu deren Läute.
Meine Tante schrie,
drei kleine Jungs brüllten,
dass sich ihre Wünsche erfüllten...
wann gibt's Geschenke, sie schrie'n.
Vergessen werde ich's nie!

Der Vater dafür verantwortlich gemacht,
nicht absichtlich,
aber das nahm er sicher mit ins Grab!

„Im blühenden Alter von 17 Jahren von uns
gegangen"
So stand es geschrieben,
musste sie Abschied nehmen
von ihren Lieben...

Dich aus der Tiefe meiner Erinnerungen geholt,
es war nicht gewollt.

Verdient hast Du für immer sichtbar zu sein,
denn du warst ein Sonnenschein!

Theo

Theo ich nicht kannte,
er mit 3 Jahren über die Straße zu seiner Oma
rannte,
ihn hier leider nur ein Auto rammte.

Er der Bruder von Carola war,
so lang sind sie nun schon nicht mehr da...

Maria

1953 sie die Welt erblickt.
Alle freuten sich, dass sie war da,
besonders der Papa.

Als ihre Mama sie verließ,
war klar,
er blieb auf jeden Fall für sie da.

Sorgen wollte er sich um die Kleine,
bis sie stand auf eigenen Beinen.

Doch es kam anders,
eine neue Frau er traf,
es dauerte sicher noch ein bisschen,
bis es wurde hart.

Ein Schwesterchen in Marias Leben tritt,
da ist sie sechs,
ab hier wird's anders,
so gar nicht mehr nett.

Ihre Schwester hofiert,
Maria diskriminiert.

Die schönen Kleidchen die Schwester trug,
Maria bekam die unschönen,
welch Selbstbetrug.

Soviel Negatives erfahren,
sodass sie mit 12 Jahren,
bei meiner Oma blieb.

Nase voll von Hieb
und dem Leben als Aschenbrödel,
es wurde ihr einfach zu blöde.

Sie litt darunter so sehr,
das wollte sie nicht mehr!

Abgelehnt zu werden,
verschimmeltes Brot zu essen,
es war sehr vermessen.

Sie legte es in eine Ecke,
damit es dort verrecke.
Wegen Angst vor Hieben,
ließ sie es dort liegen.

Die Stiefmama es fand,

musste sie es essen,
wirklich vermessen!

Sie bei der Oma wohl sich fühlt,
bis die Vergangenheit sie erneut berührt.

Von der Mutter in früher Kindheit verlassen.
versucht sie zu kontaktieren diese,
um zu überwinden ihre Krise.
Nur leider ist diese mit neuer Familie beschäftigt,
noch weitere Kinder bestätigt.

Ein kurzes Aufflackern,
dann war's erledigt,
wie schade,
aber das schädigt.

Ich war wohl so vier, fünf oder sechs, als ich sie
entdeckt'.

Nicht schön,
diesen Anblick zu sehen.

Der Stuhl umgekippt,
sie lag daneben.

Was muss ein Mensch erleben,
dass er versucht,
sich das Leben zu nehmen.

Geklappt hatte es dieses Mal nicht,
weil wir sie rechtzeitig erblickt.
Sie wurde gerettet,
ihr Leben leider nicht,
noch keine Heilung in Sicht.

Dem Vater wird erzählt,
dass sie verlassen wollte diese Welt.
Der aber sagt nein,
er nicht ins Krankenhaus geht,
was aus meiner Sicht für Schwäche steht.

Jahre später er nicht verzeihen kann,
tut mir leid,
wenn ich es so sage,
aber was für ein trauriger Mann.

Sie schon viele Jahre in Kanada lebte,
als sie es sich überlegte,
ihn zu treffen,
ein weiterer Versuch,
um sich zu retten.

Er lehnte es ab,
welch unerklärliche Tat.

Was kann so schlimm sein,
dass man zu seinem Kind sagt,
nein!

Ich mit ihr einige Zeit verbrachte,
wenn ich bei meiner Oma war,
das war relativ oft,
ich war gerne da.
Puppentheater sie mir vorspielte,
aus Taschentüchern sie Personen kreierte.
Eine Wolldecke kam zwischen die Tür,
so zeigte sie mir ihre Kür.

Sie erklärte wie man mit doofen Jungs ginge um,
wenn sie Dir kommen dumm.
Einen großen Ring bräuchte man,
um sich schützen zu können,
irgendwann.

Weißbrot mit Butter rösteten wir in einer Pfanne,
klein sie war,
zum Spielen eigentlich da.

Es waren schöne Zeiten,
so wahr, so klar.
Nur wie sie sich innerlich fühlte,
es keiner wirklich spürte.

Peter lernte sie kennen,
als dieser hier in der Stadt verweilte.

Er in Kanada schon lebte,
sie kurz danach mitnahm,
weil ihr beider Herz bebte.

Ich war wohl 8, 9 oder 10, als sie
mit ihm ging.
Auch war ich dabei als Peter sie
überraschenderweise besuchte,
bei meiner Oma saß,
was für ein Spaß.
So glücklich die beiden waren,
dass erinnere ich auch noch nach so vielen Jahren.
Wir kamen vom Weihnachtsmarkt, soweit ich es
erinner',
hier erzählte sie mir vom dicken Ring am Finger.

Mir kommen die Tränen,

möchte es einfach nur erwähnen...

Sie heirateten,
ich trug ihren Schleier,
zu der Zeit ich war noch kleiner.
Später überragte ich sie,
sie ging mir dann nur noch bis zum Knie.
Nein, natürlich nicht,
passte nur so schön zum Gedicht.

Auf meiner Konfirmation lud sie mich ein, nach
Kanada zu kommen, ich habe es nie wahrgenommen.

Ach Maria,
es tut mir leid,
ich war noch nicht so weit.
Und später leider auch nicht mehr,
denn Fliegen mag ich überhaupt nicht gern.

Bevor sie ihren Vater aufsuchte,
sie es das 2. Mal versuchte...

Sie danach nach Deutschland kam.
Er wollte sie nicht sehen,
wer soll das schon verstehen.

was ihren Vater trieb,
ihr nicht zu verzeihen,
was auch immer sie getan haben möge...
Ich kann es nicht verstehen,
bei mir würde es so etwas nicht geben.

Er nahm es nun mit ins Grab,
vielleicht bereute er noch, was er getan...
Was ihre Stiefmutter ritt,
kann ich nur vermuten.
Normalerweise sind bei solchen Taten,
Neid und Missgunst zu beklagen.

Ich kannte beide,
aus meiner Sicht waren sie nett,
eine Rechtfertigung für dieses Verhalten gibt es
für mich allerdings nicht!

Totgeschwiegen, in all den Jahren,
wie grausam so etwas zu erfahren...

---

22. und 27. Mai 2021

<u>Ehren möchte ich Euch vier,</u>
<u>mit meinen Zeilen hier!</u>
<u>Ruhet in Frieden,</u>
<u>Ihr Lieben...</u>

Kindheit

Unbekümmert sollte sie sein, schwerelos und rein!
Mit Freunden überstrahlt,
mit Spielen jeder Wahl!

Auf sein Zuhause sollte man sich freuen und nichts
bereuen!

Geschützt von seinen Eltern sich fühlen und alles
Schöne der Welt spüren...

Jede Blume inspizieren,
jedes Tier respektieren,
jede Pflanze beachten,
und im Dreck rummatschen.
Glücklich sein,
voll Freude sein!

So wie die Wurzeln werden Dir gegeben,
wirst Du gehen durch Dein Leben.

Die kleinste Erschütterung
und es entsteht ein Sprung.

Dieser Sprung, auch ein, zwei oder mehr,
machen Dich einzigartig
und füllen Dein Herz.
Manchmal mit Freude
und manchmal mit Schmerz.

Unterm Strich aber solltest Du glücklich sein,
schwerelos und rein...

---

08. Mai 2021

Der Abklatsch
einer wahren Geschichte

Er war der Freund meiner Mutter,
der Stalker!
Man merkte es nicht sofort, dass er krank war,
der Stalker!
So fing alles an,
… mit dem Stalker…

Es begann als ich mit 'ner Freundin in der Wanne
lag,
um uns hübsch zu machen für den Tag.
Wir lachten und laut waren wir,
so schön, so wahr, so klar.

Ich lief etwas später an ihm vorbei und eins zwei
drei, pöbelte er 'rum,
ich möge ausziehen,
Punktum!

Er nicht mal wohnte bei uns!
„Du bist nicht mein Vater",
sagte ich, „warum?"

Das war der Anfang, es kam immer mehr dazu.
NICHTS mit Rendezvous!

Nach einem viertel Jahr entwickelte er sich,
da fällt einem alles aus dem Gesicht.

Morddrohungen hagelten ein,
er war ein wirklich krankes Schwein!
Leute hatte er, die über uns wachten,
nichts anderes hatte er gelernt, als zu .....
töten!

Holzkreuze legte er in den Garten, auch vor unsere
Tür und verstopfte diese mit Papier.
Vielleicht auch Holzschnipsel waren's,
wir kamen jedenfalls nicht rein.
Wollte nur noch zu meinem Vater,
was für ein Theater!

Hier fällt mir ein,
so mal reingeschmissen,
dass ich dankbar war,
dass es meinen Vater gab!
Er kam mit zu uns und nächtigte dort,

da war die Angst mit einem Mal fort.

Essen waren wir,
das hatte ihm missfallen,
unser Auto hob er an und lies es wieder fallen!

Ich rief, der ist doch nicht ganz dicht!
Schon stand er vor mir
und ich spürte seine Hand in meinem Gesicht.
Lädiert stand ich gleich wieder da!
Direkt vor ihm, ganz nah!
Wollte ihm zwischen die Beine schlagen....

Er immer wiederholt,
er sei bei der Fremdenlegion gewesen,
hat nur Töten gelernt in seinem Leben!

Ich leg' den Abend noch meine Hand auf seine,
wir unterhielten uns eine Weile!
Man musste umgehen lernen mit diesem Typ,
denn er ging nicht,
nur weil man sich's wünscht!

Er sprach von seiner Kindheit,
dass er gehen musste meilenweit,
vom Heim aus,

zu seiner Mutter wollte,
die aber nur grollte.
So langsam beruhigte er sich.

Ein anderes Mal schlug er die Scheibe ein,
mit einem Stein.
Keine Wahl, eine einzige Qual,
jeden Tag Du bangst um Dein Leben,
denn es droht Dir jemand,
es Dir zu nehmen.

In mir selbst kam der Gedanke auf,
wie mach ich ihn fertig,
wie hau' ich drauf?

Ein Korkenzieher nachts neben mir war,
stellte mir schon vor,
wie er unter mir lag!
Wenn er mich anfassen würde,
würde ich springen über diese Hürde.
Etliche Male hätte ich zugeschlagen,
damit es klar war,
er würde nie wieder sagen,
er hätte nur gelernt zu töten....,
das wäre dann nicht mehr gewesen vonnöten.

Psychisch gestört er war,
das war klar!
Er kackte vor die Tür
und verschaffte sich Einlass hier.
Nur gut, dass wir nahmen es wahr,
sonst wären wir vielleicht schon nicht mehr da.

Meiner Meinung nach aber
ging es ihm ums Fertigmachen,
nicht um solche Sachen.

Gerade sitzend auf der Couch,
sehe ich einen Bericht über Stalker.
Dass es vernachlässigte Kinder sind!
Eventuell Paranoide Schizophrenie?
Ich werde vergessen es jedenfalls nie!

Ich zog mit 18 Jahren in eine Villa,
damit wir uns fühlten wieder sicher!
Drei Türen bis zu meiner Wohnung,
das versprach etwas Schonung.

Aber es dauerte nicht lang,
dass er auch da kam dran,
an meine Adresse.

Menschen gibt es,
denen möchte man hauen
auf ihre Fresse!
Die reden einfach gern,
schweigen liegt ihnen fern.

Und der Polizei vertrauen,
da kann man lieber gleich selbst drauf hauen!
Dein Freund und Helfer tritt erst in Kraft,
wenn es Tote gibt, Obacht!
So waren wir auf uns allein gestellt,
Ende der Siebziger, noch eine andere Welt.

Er riss die Spiegel am Auto meiner Mutter ab,
schlug die Scheinwerfer ein,
knickte die Scheibenwischer um,
durchstach vier Reifen!
Danach das Auto des Nachbarn
nahm er sich vor,
auch hier viermal in die Reifen er bohrt...

Kaputt waren Reifen vier Straßen lang, dass die
Polizei meinte,
das kann nur eine Gruppe sein,
auf keinen Fall nur einer allein!
Immer fraglich, ob er es war?

Für mich war es klar!
Er allein dies gemacht,
in ihm steckte diese Kraft.
Seine Jungs, die auf uns achten sollten,
die gab es nie,
nur in seiner Phantasie.

Aufspüren sollten sie mich...

Wie gut,
dass ich den einen Tag,
einen anderen Weg betrat!

Er durchrannte eine Tür,
da war ich schon nicht mehr da,
bei meiner Mama!

Ich war da schon in der Villa.
Kaum zu glauben,
aber auch hier war es nicht sicher.
Auch hier wurden Reifen zerstochen,
Psychoterror ununterbrochen...

Ein Kampf,
ohne Adresse ins Telefonbuch zu kommen,
alles sehr beklommen.

Heutzutage so etwas einfach geht,
dem Gestalkten nicht mehr im Wege steht.

Eine Kopfnuss ich noch bekam,
alles zusammen ziemlich grausam.

Mir fällt ein immer mehr,
denn er war ja auch noch der Papabär.
Zwischendurch er lieblich war.
Er versprach dann,
es sei vorbei,
dass er so nicht mehr sei...

Es hörte allerdings erst auf,
als meine Mutter zog aus,
eine einstweilige Verfügung bewirkte,
die uns dann so langsam auch etwas stärkte...
Dennoch brauchte es Zeit,
bis wir waren wieder zum normalen Leben bereit!
Wohl zwei Jahre zogen ins Land....
mit diesem Mann...

Zweimal begegnete ich ihm noch,
ich zitterte und bebte,
nur ohne Angst ich schwebte...,
ohne Angst bezogen auf meinen Körper...

Oh höre, hier war noch ein Störer!
So nervenaufreibend, so bezeichnend,
hier das I-Tüpfelchen entsteht!
Klar wird mir, dass es hier
mit der Angst losgeht.

Eine Situation, die das Fass zum Überlaufen bringt,
die meinen Körper mit 18 schon bezwingt,
nun muss ich leben mit ihr,
mit der Angst in mir.
äre schöner gewesen,
es nicht zu erleben...

Bekam immer neue Symptome,
nicht schlucken können,
über Brücken nicht gehen,
keinen Berg erklimmen,
jede Enge zu viel
auch Plätze nicht mehr.
Gemacht hat es viel mit mir!
Ich therapiere mich hier!

Ich empfinde mich als stark,
musste so oft gehen durch Quark.
Bei einer Therapie die Therapeutin meinte,
dass meine Person fünf Menschen vereinte.

Fünf Themen in einer Person!
Ein Thema führe normalerweise schon zur Rebellion.

Den Stalker ich noch nie so ausführlich besprach,
vielleicht sind es auch schon acht!
Acht Themen,
acht Geschichten,
mir fällt sicher noch etwas ein,
zum Dichten...

Müde ich bin,
es ist drei,
nun ist Schluss mit der Schreiberei....
Neun Stunden reichen auch,
es kam aus meinem Bauch!

Hoffentlich ist er tot, dieser Vollidiot!
Auch wenn er nichts dafür kann,
ein grausamer Mann!

Mir wird immer mehr klar,
warum mein Leben so war.
In den Therapien suchte ich danach.
wo alles begann,
wo es fing an!

Für mich schließt sich immer mehr der Kreis,
weil ich so richtig wahrnehme den ganzen Scheiß!
Mein Leben Revue passieren lassen,
nicht hassen,

einatmen,
eintauchen,
ausatmen,

loslassen,

Krone richten,

weitermachen!

L O S L A S S E N

!

Fühl Dich gestärkt für's Leben!
Für mich wird es so etwas nie wieder geben!
Mit 18 Jahren begann das Zittern und Beben
VERSTEHE ES NUN,
mein Leben...

09. Mai 2021

Das Glück

Nun hole ich es mir zurück,
das Glück,
in mein Leben zurück!

Habe alles überlebt,
auch das was negativ an mir klebt.
Nun hol' ich es mir zurück,
das Glück,
einfach zurück.

Ich fall' nicht um,
ganz sicher nicht,
ich hol' mir nur das Glück zurück.

Ich lass mich nicht bezwingen von diesen negativen
Dingen!
Das Leben werde ich immer lieben,
ich muss jetzt nur noch sieben!
Alles Gute in mir bleibe
und raus mit dieser negativen Scheiße.....

Ich lasse los,
es löse sich der Kloß.

in meinem Bauch.
Los, zack, raus!

An mir wird nichts Negatives mehr kleben,
Es reicht für mein Leben.

Ich hol' mir jetzt das Glück zurück!
Stück für Stück!
Immer mehr Glück!

---

11. Mai 2021